Christian Gellinek

Häufigkeitswörterbuch zum Minnesang
des 13. Jahrhunderts

Christian Gellinek

Häufigkeitswörterbuch zum Minnesang des 13. Jahrhunderts

Nach der Auswahl von Hugo Kuhn
Programmiert
von Martin Saunders

Max Niemeyer Verlag
Tübingen 1971

Der ersten Generation entsagungsvoller amerikanischer Kompilatoren von ausgezettelten mittelhochdeutschen Wörterbüchern und Indexes

        Margaret Broeckhuysen   Alfred Senn
        Roe-Merrill S. Heffner   W. Freeman Twaddell
        Winfred P. Lehmann   Melvin E. Valk
        Kathe Petersen   Hermann J. Weigand

gewidmet

ISBN 3-484-10155-5

© Max Niemeyer Verlag Tübingen 1971
Alle Rechte vorbehalten. Printed in Germany
Satz: Bücherdruck Helms KG Tübingen

VORWORT

1. Vorbereitung des Indexes

Die erste Anregung zu dem vorliegenden Index erhielt ich als Beobachter auf einer Yale Konferenz über den Komputer in den Geisteswissenschaften. Mein Freund und Professor der Chemie, Martin Saunders, nahm sich dann die erforderliche Zeit und Geduld, einen mittelalterlichen ‚Humanisten' umzuprogrammieren, was nur unter großen Mühen gelang. Im Frühjahr 1969 begannen wir mit Texten zu experimentieren, bis schließlich vier brauchbare FORTRAN IV Programme entwickelt und modifiziert waren, die jeden mittelhochdeutschen Text in das Eingabemedium aufnehmen können. Im ersten Arbeitsgang wurde der Text direkt in die Datenstation gespeichert. Das Programm verwendet eine effiziente Alphabetisierungsroutine. Es ist in der Lage, einen sehr umfangreichen Text in einem interaktiven Modus (System CYTOS) paarweise aufzunehmen. Im zweiten Arbeitsgang sortierte die IBM 360, Modell 50, alle, ohne Rücksicht auf Interpunktion und Längezeichen aufgenommenen Worte nach ihrer Buchstabenzahl. Auf diese Weise konnten alle im Text enthaltenen Worte kostensparend in vier Kategorien sortiert werden: 1. Kategorie, ein- bis vierbuchstabige Worte; 2. fünf- bis achtbuchstabige; 3. neun- bis zwölfbuchstabige und 4. dreizehn- bis sechzehnbuchstabige Worte. Im dritten Arbeitsgang wies unser *Frequency* Programm vier alphabetisch geordnete Listen auf mit Angaben der jeweiligen Häufigkeit; also z. B.:

> Uolrich von Liehtenstein (nr. 58 und S. 81–94 der Kuhn'schen Ausgabe): 1. 2162 vorkommende Worte *(=occurrences);* 2. 1110 Worte; 3. 72 Worte und 4. 4 Worte (und ein achtzehnbuchstabiges erotisches Wort, das längste der ganzen Ausgabe) = 3349 Wortvorkommnisse mit 941 formell unterschiedlichen Worten.

Dieses Verfahren macht das Ausstampfen von Lochkarten während der Herstellung des Indexes ganz überflüssig. Meine Doktorandin, Fräulein Vickie L. Ziegler, Ph. D. (Yale 1970), die ich, immer nur einen Schritt im voraus, meinerseits mit der Praxis vertraut machte, und die ihre Dissertation[1] auf einem Teil dieser Programme aufbauen konnte, war so freundlich und tippte anschlie-

---

1 *Reinmar von Hagenau and His School:* A Study in Leitword Technique (Yale University Dissertation, 1970) University Microfilm, Ann Arbor, Michigan.

V

ßend den Großteil des mittelhochdeutschen Textes direkt auf eine dem System angeschlossene IBM Schreibmaschine (Datenstation). Den Rest habe ich selbst aufgearbeitet. Ich danke ihr herzlich für ihre Mühe und Sorgfalt.

Wir nahmen folgende Vorarbeiten vor: 1. eine Einteilung des Gesamttextes von 121 Seiten nach neun nicht ganz gleich starken Datenträgern, die mindestens neun, höchstens achtzehn Seiten Text in chronologischer Reihenfolge (siehe Anmerkung 3) verarbeiteten. Die Texte sind, ohne daß wir auf die Lesarten eingegangen wären, mit untenstehenden Ausnahmen unverändert übernommen. Auf diese Weise konnte der gesamte Text während der Zeit vom 26. Juni bis 13. Juli 1970 auf der IBM 360 im *Yale Computer Center* gespeichert werden (Weiteres zur Speicherung siehe unten S. XII).

Jeder Student des deutschen Minnesangs aus dem 13. Jahrhundert weiß, daß es sich bei der Ausgabe von Carl v. Kraus und der Auswahl von Hugo Kuhn, *Minnesang des 13. Jahrhunderts* (Niemeyer Verlag Tübingen 2. Auflage, 1962), die hier zugrundegelegt ist, um eine normalisierte Ausgabe handelt. Immerhin enthält auch sie wechselnde Schreibungen. Dementsprechend kommen einige Stichwortvarianten vor, die man gegebenenfalls zusammenzählen muß. Unser Hauptproblem bestand nun darin, wie im Zweifelsfalle Enklisen, Proklisen und Kontraktionen aufzulösen seien. Ich gebe dazu mein Protokoll, damit sich der Benutzer über diese notwendigen Eingriffe ein Bild machen kann. Die Alternative, hätte darin bestanden, Pseudo-Worte[2] aufzunehmen, die die Zählung verfälscht hätten. Die Aufstellung des Protokolls zählt jeweils nur von dem vorhergehend Erwähnten Abweichendes auf:

Textformen	Auflösungen
hastu	hast du
anz	an daz
'z	daz
zem	ze deme
'm	im
siz	si ez
mirst	mir ist
sin	si ne
sime	sineme
in	ich ne
dast	daz ist
'ntwirfet	entwirfet
deist	daz ist
zir	ze ir
enminnet	en minnet

---

2 Werner Schröder, "Der Computer in der deutschen Philologie des Mittelalters", *PBB*, XCI (1969) 386–396, *390*. Einen Informationszusatz, nämlich ein -e, haben wir nur einmal bei *si* verwendet, um es von *si* = sei zu unterscheiden, und ihn dann am Ende weggestrichen.

Textformen	Auflösungen
mim	minem
mis	mines
i	ir
i'iu	ich iuch
dien / sulnt	*unverändert*
ensis	en si ez
wiltun	wilt du in
leites	leite si
dun'	du ne
engan	*unverändert*
'nhein	en hein
d'alte	diu alte
uffen	*unverändert*
nusts	nu ist ez
dast	daz du

Der nächste Schritt bestand in der Vereinigung der neun nunmehr vorhandenen Datenträger *(=Ds)*[3] in mehreren Arbeitsgängen und in dieser Reihenfolge:

    Ds 1+4+5   ∞   *Ds* 2+9+8+7
Ds 1 bis 2;4 bis 5 und 7 bis 9 ∞ *Ds* 6
  Ds 1 bis 2;4 bis 9 ∞ *Ds* 3
    Ds 1 bis 9 = Gesamttext

---

3 Die einzelnen *Ds*-Kürzel stehen für folgende Textabschnitte:
   Ds1   :   Der wilde Alexander bis Friderich von Liningen (= Nr. 1, 2, 6, 8, 10, 11, 12 = S. 1–18). 4148/1345 (= Wortsumme/verschiedene Worte)
   Ds2   :   Getrud–Geltar bis Marcgrave Heinrich von Missen (= Nr. 13, 15, 17, 20, 21 = S. 19 –38 Zeile 12). 4622/1199
   Ds3   :   Heinrich von der Muore bis Künig Chuonrat der Junge (= Nr. 22, 23, 24, 25, 27, 29, 30, 31, 32 = S. 38–49). 3270/915
   Ds4   :   Chuonrat von Kilchberg (= Nr. 33, 34, 35, 36, 38 (alle), 39 = S. 50–58). 2057/787
   Ds5   :   Otte von Bottenlouben – Reinmar der Videler; Wahsmuot von Kunzenich; Wenzel von Behein (= Nr. 41, 43, 44, 45, 60 = S. 59–66; 113–114; 119–120). 3313/971
   Ds6   :   Rubin – Süezkint von Trimperg (= Nr. 47, 49, 51, 52, 53, 54, 56 = S. 66–80). 3665/1021
   Ds7   :   Uolrich von Liehtenstein (= Nr. 58 = S. 81–94). 3349/941
   Ds8   :   Uolrich von Winterstetten (= Nr. 59 bis XVI = S. 94–107). 3954/1038
   Ds9   :   Uolrich von Winterstetten (= Nr. 59, XXI–XXXVIII); Wachsmuot von Mülnhusen (= Nr. 61 II); Walther von Mezze (= Nr. 62 II, IV, VII, IX); Willehelm von Heinzenburg 67; Corrigenda/Addenda: Nr. 59, II, 2; X, 3; Nr. 17, V, 9; V, 13. (= S. 108–112; 115–119; 120–121; Corrigenda/Addenda auf Seiten 99, 102; 32, 33). 2969/895

Der Vorteil dieser Programmierung besteht darin, daß unmittelbar nach Abschluß der Elektronenrechnung das Ausdrucken des jeweils alphabetisierten Textabschnittes mit den Häufigkeitsangaben zur Linken des Wortes begonnen werden kann, so daß die notwendige Begleitkorrektur dem gerade abgeschlossenen Arbeitsgang folgen kann.

Die erste Kontrollmöglichkeit bietet der ausgedruckte Text im Vergleich zum Original, die zweite die alphabetischen Wortlisten nach Buchstabenlänge-Kategorien, die dritte und wichtigste die Ausmerzung und Abbuchung der gefundenen Fehler in der alphabetisierten Endliste. Für das Aufspüren und die Tilgung sämtlicher Fehler (einschließlich genau verfolgbarer nicht häufiger Fehler des Komputers), bin ich allein verantwortlich.

2. Umfang

Das gesamte untersuchte Material besteht zu etwa zwei Dritteln aus ein- bis vierbuchstabigen, zu einem Drittel aus fünf- bis achtbuchstabigen, und aus wenig mehr als achthundert (sich innerhalb der neun Datenträger überschneidenden) neun- bis sechzehnbuchstabigen Worten.

Dem Autor ist klar, daß wegen des Wegfalls der Längezeichen die im *Yale Computer Center* nicht vorhanden waren, einige Häufigkeitswerte (wie etwa bei *wan/wân*) Verzerrungen aufweisen. Der Benutzer wird ja in jedem Falle mit dem Mittelhochdeutschen so gut vertraut sein, daß er diese Schwierigkeiten meistern wird. Es schien mir sinnvoller, mit den vorhandenen Mitteln zu arbeiten. Ebenfalls habe ich es nicht für notwendig gehalten, dieser Auswahlfassung der großen Ausgabe von Carl von Kraus[4] Stellenangaben beizugeben. Diese ihrem Umfange nach viel größere und kostspieligere Aufgabe in bezug auf die große Ausgabe hat, wie mir nach Abschluß meiner Elektronenrechnung bekannt wurde, Rudolph K. Jansen[5] angekündigt.

Zur Probe habe ich die Elektronenrechnung des Komputers auf einem manuellen Schnellrechner durch Einzeladdierung der neun Datenträger[6] überprüft und erzielte ein auf die Zahl genau übereinstimmendes Ergebnis. Resultat: Die Hugo Kuhn'sche Ausgabe des Minnesangs aus dem 13. Jahrhundert enthält eine Summe von 31.347 Worten, eine Liste, die insgesamt 3925 verschiedene Wortformen (=*different words*) aufweist. Oder anders ausgedrückt, es gibt in dieser Ausgabe noch nicht einmal knapp 4000 grammatisch unterschiedliche Worte, die wenigstens einmal und höchstens 1241 mal vorkommen. Ich zähle der Übersichtlichkeit halber die fünfzig häufigsten Worte in absteigender Reihenfolge auf:

---

4 *Deutsche Liederdichter des 13. Jahrhunderts,* Band I: Lieder; Band II: Kommentar (Tübingen, 1952/58).
5 *Computer and the Humanities.* A Newsletter, I, 5 (May, 1967) S. 208. Dieses Projekt, das in Assoziierung mit Stanley N. Werbow (Texas) entsteht, soll auf einer IBM 7040 und CDC 160 A fertiggestellt werden.
6 Vergleiche Anmerkung 3.

1.	ich	(1241)		26.	ez	(207)
2.	daz	(783)		27.	herz(e)(-n)	(205)
3.	ir	(747)		28.	ze	(194)
4.	si (= sie)	(637)		29.	dem(e)	(186)
5.	der	(599)		30.	nu	(183)
6.	mir	(576)		31.	wip (-be(s)(-n)	(183)
7.	und (e)	(543)		32.	sin	(180)
8.	so	(442)		33.	er	(179)
9.	ist	(405)		34.	minne	(179)
10.	min	(395)		35.	wil	(179)
11.	diu	(362)		36.	dem	(165)
12.	von	(359)		37.	sol	(164)
13.	mich	(349)		38.	man	(153)
14.	in	(334)		39.	hat	(149)
15.	die	(312)		40.	sich	(131)
16.	ein	(288)		41.	du	(130)
17.	den	(260)		42.	liebe	(122)
18.	an	(257)		43.	gar	(119)
19.	niht	(252)		44.	han	(114)
20.	vil	(252)		45.	bi	(112)
21.	wol	(250)		46.	muoz	(107)
22.	da	(223)		47.	lip (libe)	(106)
23.	mit	(221)		48.	do	(100)
24.	fröide(n)	(217)		49.	noch	(96)
25.	des	(209)		50.	doch	(94)

3. Verwendungsmöglichkeiten

Für den Forscher, der an der Entwicklung und Verbreitung des Minnesangwortschatzes interessiert ist, dürfte es nicht mehr so schwierig sein wie bisher, Studien über vergleichende Worthäufigkeit des klassischen (Minnesangs Frühling) und des formalisierten Minnesangs (Minnesangs Wende) anzustellen. Dazu wird er den zwar noch ausgezettelten, aber im übrigen sehr verläßlichen Wortindex zu Minnesangs Frühling[7] heranziehen wollen, wobei er die Auszählung freilich selbst vornehmen muß, da sie in dem während des Krieges hergestellten Index noch fehlt. Außerdem ist es jetzt möglich, Spezialglossare wie z.B. das von Gert Kaiser[8] mit diesem Wörterbuch zu vergleichen.

Mir haben sich im Laufe meiner Studien mit dem hier verarbeiteten Wortmaterial des nach–klassischen Minnesangs einige Beobachtungen ergeben, die ich an dieser Stelle mitteilen möchte. Die lohnendsten Worte sind einmal die neun- bis sechzehnbuchstabigen; sie stellen die eigentlich neuen Zusammensetzungen oder neugeschaffenen Adverbien dar, und machen einen verhältnismäßig hohen Prozentsatz des verwendeten Gesamtmaterials der Dichter dieser Ausgabe aus. Sie erreichen nicht weniger als sieben, nie mehr als ca.

---

[7] R. - M. S. Heffner & Kathe Petersen, *A Word–Index to Des Minnesangs Frühling* (University of Wisconsin Press, 1942). Dieses Buch ist vergriffen.
[8] *Beiträge zu den Liedern des Minnesängers Rubin* (München, 1969).

zehn % des untereinander verschiedenen Wortmaterials, das ein Minnesänger verwendet. Wir berühren hier ein noch verhältnismäßig unerforschtes Gebiet der kontinuierlichen (?) Wortschatzerweiterung (durch Längung der Worte) auf Grund von als möglich erachteten Wortkombinationen, die vermutlich als Vorbote künftiger semantischer Stagnierung anzusehen sein wird.

Ein ebenfalls lohnendes Gebiet scheint mir die Weiteruntersuchung thematisch bestimmter *Leitwörter* wie etwa die aus dem Bereich des *Frauendienstes* (z.B. swaere, nôt, kumber, klage, sorge, arebeit, usw.) zu sein. Meine Schülerin, Miss Ziegler, hat auf Grund von genauen *Leitwort*studien verschiedene, auf Einzelstrophen verteilte *Leitwort*muster bei drei Minnesängern dieser Epoche feststellen können, und ist dabei auf bestimmte „*stanzas of intensification*" gestoßen, deren Verwendung als Kriterium bei der umstrittenen Anordnung eines Gedichtes den Ausschlag geben kann[9].

Für diese Art Studien kann mein Index eine empirische Grundlage abgeben; denn es hat sich bereits gezeigt, daß die Technik der *Leitwort*muster-Verteilung über mehrere Strophen nicht eine Frage der Anzahl der zum Wortfeld gehörenden Worte ist (wie man vermutet hätte), sondern der Gesamtzahl der auftretenden Worte, die zum dargestellten Thema gehören. Es ist also für den Forscher wichtig, vorher zu wissen, welcher Häufigkeitswert bei einzelnen Worten während einer bestimmten Epoche gegeben ist, ehe er die *Leitwörter*häufigkeit und –muster in einzelnen Gedichten untersucht. Daß dieser Index endlich bei richtiger Verwendung einen Beitrag zur Geschichte der mittelhochdeutschen Kommunikation abgeben kann, wird einsichtig sein.

Ein engerer Grund für die Herstellung dieses Bändchens lag in des Autors Hoffnung, daß sich mit ihm eine Handhabe zur Überprüfung früherer literaturwissenschaftlicher Urteile ergeben möge, die vielleicht im Einzelfall zu spekulativ ausgefallen waren. Die Ideenforschung des Minnesangs wird sich etwas genauer an das gegebene Vokabular, als es bisher üblich war, halten wollen[10]. Denn wie kann man fruchtbar Form, Inhalt, Themenbegrenzung und -ausführung untersuchen, wenn man die Frequenz und die Verteilung der Worte in einer Sprachschicht, die auch dem erfahrensten Forscher einfach nicht genügend vertraut sein kann, außer acht läßt?

Nach dem Grad der Verwendungsmöglichkeiten kann sich meine Arbeit mit den Indices aus dem *Literary and Linguistic Centre* in Cambridge (England), die unter der Leitung von Roy A. Wisbey[11] hergestellt werden, nicht messen.

9 *Reinmar von Hagenau and His School*, S. 216 ff. etwa bei Reinmars Gedicht MF 166, 16–187, 31.
10 So schon Harald Scholler (Ann Arbor, Michigan), „Über die Förderung der Nibelungenforschung durch Elektronenrechner", *ZfdA*, XCV (1966) 149–165.
11 *Vollständige Verskonkordanz zur Wiener Genesis* , mit einem rückläufigen Wörterbuch zum Formenbestand (Berlin, 1967); *A Complete Word–Index to the Speculum Ecclesiae* (Early Middle High German and Latin), with a reverse index to the graphic forms (Leeds, 1968); und *A Complete Concordance to the Rolandslied* (Heidelberg Manuscript), with word indexes to the fragmentary manuscripts by Clifton Hall (Leeds, 1969). Diese drei Bände eröffnen die Reihe *Compendia*.

Der Leser möge aber in Rechnung stellen, daß mein Index, abgesehen von dankbar aufgenommener Freundeshilfe, ohne den beratenden Hintergrund eines Instituts zustandegekommen ist. Nichts anderes war beabsichtigt, als die relative Häufigkeit des gebrauchten Wortmaterials dieses Ausschnitts aus der deutschen Sprachgeschichte statistisch bereitzustellen. „Was die Merkmale stilistisch bedeuten, kann nicht mehr von (der Statistik) ausgemacht werden"[12].

Es ist dem Kompilisten selbst klar, daß es sich bei diesem Index um *vin ordinaire* im Sinne von Robert S. Wachal[13] handelt. Auf der anderen Seite sollte sich die superieure Stilistik hüten, einen provinziellen Abwehrstandpunkt einzunehmen, ehe nicht theoretisch geklärt ist, ob Wortlänge, –häufigkeit und Verteilungsmuster im System variabler Sprechlängen von poetischen Texten nicht doch gewissen statistisch erfaßbaren Wiederholungsmodellen unterliegen (schließlich wurden diese Texte gesungen, oder mindestens nicht mit Prosastimme gesprochen), deren Aufdeckung wir allerdings eher von Linguisten erwarten dürfen[14].

Leider sind mir alle bibliographischen Hilfsmittel einschließlich des Journals, *Computers in the Humanities*. A. Newsletter (N. Y. 1966/67) Band I ff., erst zu Gesichte gekommen, als an dem einmal eingeschlagenen Wege ohne Gefahr für das ganze Projekt nichts mehr geändert werden konnte.

---

12 Horst Singer, „Stilistik und Linguistik", *Festgabe für Friedrich Maurer* (Düsseldorf, 1968) S. 71. Man darf sich auch auf den Rubinkenner Gert Kaiser berufen, wie in Anmerkung 8, S. 72: „Jedes Spezialglossar, das mehr sein will als ein alphabetischer Wortindex, ist zugleich ein Stück Interpretation". Mein Wörterbuch will nicht mehr sein als ein alphabetischer Wortindex mit Häufigkeitswerten.

13 „The Machine in the Garden: Computers and Literary Scholarship, 1970", *Computers and the Humanities,* Band V (September 1970) S. 23–28. Wachal stellt übrigens fest, daß sechzig Prozent aller angemeldeten Projekte auf geisteswissenschaftlichem Gebiet *(humanities)* in FORTRAN, und mehr als die Hälfte auf der IBM 360 hergestellt werden.

14 Bei Wachal, wie in Anmerkung 13, findet sich auch eine weiterführende Bibliographie, S. 27 f.
Den Aufsatz von Monika Rössing–Hager, „Zur Herstellung von Wortregistern und Merkmal-Koordinationsregistern", *Germanistische Linguistik*, Heft 2 (Marburg, 1970), 117ff., den ich im Herbst 1970 nach Abschluß der Rechenarbeit im Deutschen Seminar in Helsinki entdeckte, konnte ich leider nicht mehr berücksichtigen. Die Herausgeber dieser neuen Zeitschrift, die Herren Ludwig E. Schmitt, Wolfgang Putschke, Werner H. Veith und Herbert E. Wiegand, sind zu dieser Pioniertat zu beglückwünschen. Soeben erschien ein Kolloquiumsbericht, *Computers and Old English Concordances,* herausgegeben von Angus Cameron, Roberta Frank und John Leyerle bei der University of Toronto Press (1970), wo auf S. 69 auf „Frequency Lists . . . are invaluable for comparing vocabularies" hingewiesen wird.

Nach Abschluß des Manuskripts entdeckte der Verfasser auch eine ihm ebenfalls bisher unbekannt gebliebene Reihe, *Linguistische Berichte*. Forschung – Information – Diskussion. Herausgegeben in Zusammenarbeit mit mehreren sprachwissenschaftlichen Instituten und Seminaren anderer Disziplinen von Peter Hartmann (Konstanz), Verlag Friedrich Vieweg und Sohn GmbH Braunschweig.

Die nach Abschluß der Arbeit auf Lochkarten übertragenen Programme können wieder zurückverwandelt werden und mit geringfügigen Modifikationen neuen Aufgaben dienen. Ich danke dem *Manager of Operations* des *Yale Computer Center,* Mr. Tom O'Neill, für seine Geduld.

Yale University
Dezember 1970   Christian Gellinek

WÖRTERBUCH

A

9 ab
7 abe
1 abent
1 abentrot
1 abentsender
1 abentsolde
29 aber
1 abrillen
48 ach
1 adamant
1 adam
1 adelgunt
1 aehtet
1 afrien
1 afterriuwe
3 ahi
2 ahte
3 ahtet
2 ahy
61 al
6 ald
1 alda
1 aldar
1 alde
2 alden
7 alder
7 aleine
1 algemeine
1 algernde
33 alle
2 alleine
6 allem
51 allen
3 allenthalp
30 aller
1 allermeiste
5 alles
20 allez
3 alliu

1 almitten
1 alram
3 alrerst
1 alrerste
50 als
4 alsam
1 alsamt
25 alse
77 also
9 alsus
2 alt
3 alte
6 alten
7 alter
1 alters
2 altez
5 altgesprochen
2 altiu
1 alumbe
6 alze
1 amien
1 amme
1 amor
1 amur
264 an (7 : ân)
1 anbegin
1 anden
15 ander
1 anderhalben
3 andern
9 anders
2 anderswa
57 ane
1 anehanc
16 anger
1 angesiht
1 angestlichiu
1 anne
11 arebeit
1 arebeiten
1 arebeite

3 arge
1 argen
1 arger
1 argez
4 arme
14 armen
1 armet
1 armez
2 arn
1 ars
2 aventiure

B

2 babest
1 baete
1 bald
5 balde
1 balt
1 baltlichez
2 ban
2 banden
10 bant
4 bar
1 barc
1 barg
1 barn
1 bart
5 bat
56 baz
1 beate
2 bedaehte
4 bedenke
4 bedenken
2 bedörfte
1 bedunket
1 befunden
4 began
4 begat
1 begeben

1

1 beginne	2 ber	1 bevele
1 beginnet	1 berc	1 bevilhe
1 begonde	1 berede	1 bevinde
7 begunde	7 bereit	1 bevolhen
1 begunden	2 berge	1 bewaere
1 gegundet	1 bergen	1 bewaeret
1 behabt	1 berhte	1 bewant
1 behagen	1 berihten	1 bewarn
1 bchaget	2 bernder	2 bewart
1 behalden	1 berndes	1 bewendet
1 behalte	2 beroubet	1 bezeiget
1 behalten	1 berüeret	7 bezzer
1 behern	1 beruorte	1 bezzere
1 behert	1 beschach	112 bi
1 behielt	1 beschehen	3 biderbe
4 behüete	2 bescheide	1 biderben
1 behüeten	5 bescheiden	1 biete
1 behüetet	2 bescheidenheit	2 bieten
12 behuot	1 bescheidenheite	1 bigenot
2 behuote	1 bescheidenliche	1 bihter
17 beide	1 bescheine	3 bilde
16 beiden	1 beschert	1 bilgerin
1 beidenthalben	1 beschiet	93 bin
10 beider	1 beschouwen	1 binde
1 beidez	2 besezzen	1 bindes
5 beidiu	2 besloz	3 bindet
1 beine	4 beslozzen	2 bint
1 beinen	2 besneit	1 birge
2 beite	2 besniten	5 birt
2 beiten	1 besorgent	2 bis
1 beitent	1 bespreit	1 bisen
1 beiz	8 bestan	24 bist
1 bejage	2 bestat	4 bit
3 bejagen	7 beste	4 bite
1 bejagest	14 besten	2 biten
3 bekande	4 besunder	1 bitet
9 bekant	1 besundert	1 bitterlichez
1 bekenne	1 besungen	1 biute
1 bekennen	1 beswaerest	2 bla
3 bekleit	2 beswaeret	4 blanc
1 bekrenket	1 bet	1 blanden
1 bekumbert	1 betagen	1 blange
2 belangen	1 betaget	3 blanken
1 belgelin	2 bete	1 bleich
2 belibe	2 betiuten	2 bli
10 beliben	1 betrochen	1 blibe
1 belip	2 betrogen	5 blic
1 benam	1 betrüeben	8 blicke
2 bendic	1 betrüebet	2 blicken
2 benemen	1 bette	1 blideclichen
1 benement	3 betwanc	1 blinden
1 benimt	2 betwinget	3 blint
4 benomen	10 betwungen	1 blintheit

1 bloezen	1 brises	78 dar
4 bloz	1 briuwen	1 darbe
1 blozen	1 brot	1 darbian
1 blüejen	1 brüevet	3 darf
2 blüejent	4 brun	2 das
1 blüemelin	1 brune	1 davidin
1 blüenden	1 brunge	783 daz
1 blüender	2 brunnen	1 decke
1 blüendiu	3 bruoder	1 decken
1 blüet	3 brust	2 deheine
2 blüete	1 brüste	1 deheinz
1 bluome	5 büeze	1 dehsen
43 bluomen	1 büezen	1 deil
1 bluomenhuot	1 büezet	1 dekeiner
8 bluot	1 buf	165 dem
1 blüst	4 bünde	21 deme
1 boes	1 bunden	1 demüeteclich
1 boese	1 buochen	260 den
2 boesen	9 buoz	2 denke
1 boesewichtes	2 buoze	3 denken
1 bogen	1 burcmure	2 denne
1 boje	2 bürde	599 der
2 borgen	1 bürge	209 des
7 bot	2 büttenaere	5 deste
2 bote		1 deswar
2 boten	**C**	3 di
1 botenlouben		55 dich
1 bouch	1 cecilje	32 dicke
2 boume	1 clies	312 die
1 bra	1 creatiure	1 diemuot
7 brach	1 croije	15 dien
2 braeche	1 cupido	1 dienaere
7 braht		6 diene
2 brahte	**D**	12 dienen
1 bran		2 diener
2 brande	223 da	1 dienerinne
2 brant	1 dach	21 dienest
3 brechen	1 dache	1 dienestman
1 brechent	12 dahs	1 dienet
2 brehender	1 daht	1 diens
10 breit	1 dahte	6 dienst
1 brenne	19 dan	15 dienste
1 brennend	17 danc	5 dienstes
1 brennet	1 dank	1 diensts
2 breste	2 danke	1 diete
1 brichet	4 danken	1 dime
1 brieves	1 danket	89 din
6 bringe	20 dann	2 dinc
13 bringen	51 danne	9 dine
2 bringent	1 dannen	4 dinem
5 bringet	4 dannoch	9 dinen
4 brinne		12 diner
1 brinnen		1 ding

3

5 dinge
12 dingen
1 diniu
2 dins
89 dir
1 dirr
8 dirre
1 dis
4 dise
4 disem
17 disen
2 disiu
362 diu
1 diuzet
3 diz
100 do
94 doch
4 doene
7 dol
3 don
4 done
1 dormieren
3 dorn
4 dort
1 doz
1 draejen
2 dran
1 drate
1 drei
2 dri
5 drier
1 dringe
1 dringen
2 dringent
2 dringet
1 drinne
1 dritte
1 dritten
2 driu
1 drizec
1 dröu
1 drouch
1 dröuwen
1 drücke
1 druf
1 drumbe
1 druwin
130 du
1 duht
5 duhte
3 dulde
1 dulden
1 dunke

1 dunken
7 dunket
1 dünne
1 dünnehabe
28 dur
54 durch
1 durchdenket
1 durchhitzen
1 durfüere
1 dürnge

E

52 e
3 eben
1 ebene
2 edel
1 edele
1 edelem
1 edelen
2 edeliu
1 edellint
1 edler
1 effet
1 eft
1 egge
7 eht
2 ei
4 eide
10 eigen
1 eigenliche
1 eigenlicher
2 eime
288 ein
1 einander
30 eine
20 einem
24 einen
22 einer
4 eines
1 einez
1 einiger
4 einiu
2 eins
1 eip
1 eit
1 elide
3 elle
1 ellen
1 ellende
1 ellender
1 ellin

15 elliu
1 elsazenlant
4 else
1 embor
72 en
2 enber
3 enbern
4 enbir
1 enblecken
1 enbirt
2 enbor
1 enbunden
23 ende
1 endelich
1 endelichen
3 enden
1 endes
2 endet
1 endrinnen
1 enein
1 engalt
1 engan
1 engegen
2 engel
2 engelten
1 engilte
1 enmitten
5 enpfahen
2 enpfahet
1 enpfalch
2 enpfangen
1 enpfie
1 enpfienge
1 enpfiengen
1 enpfliehen
1 enphan
1 enthalden
1 enthalten
1 entladen
1 entrinnen
1 entslafen
1 entspringen
6 entsprungen
2 entstan
1 entstanden
1 entwarf
2 entwenken
1 entwerfen
4 entwiche
1 entwichen
1 entwirfet
1 entwunden
1 enunt

1 envollen	1 erlogen	1 erworben
1 enzit	5 erlost	1 erwüete
4 enzündet	1 erloube	2 erwunde
1 enzünt	1 erlouben	1 erwünschen
1 enzwei	1 erloubet	1 erwünschet
179 er	2 ermant	2 erwurbe
1 erarnen	1 ermel	4 erzeigen
5 erbarmen	1 erne	2 erzeiget
2 erben	1 ernert	1 erziuge
1 erbieten	1 ernst	1 erzwieret
1 erbleichen	1 erringen	9 es
1 erbolgen	1 ersach	3 et
1 erbot	1 ersahen	1 eteswen
1 erdaht	1 erschiezen	2 eteswenne
5 erde	2 erschinen	1 eteswes
5 erdenken	1 erschozzen	1 even
40 ere	4 erschrac	1 evove
22 eren	4 erschricke	1 ewiclicher
1 erent	1 ersehe	207 ez
5 eret	3 ersehen	
1 erflöuget	6 erst	
1 erfrischet	1 erstat	**F**
1 erfüllen	7 erste	
5 ergan	4 ersten	1 fide
1 ergat	1 ersterben	1 fin
6 erge	1 erstoeret	1 fiuwer
2 ergeben	2 erstorben	1 flaeminc
1 ergetze	2 ertber	1 fle
1 ergetzen	1 ertoben	1 flehen
1 ergie	1 ertoete	1 fliehe
3 ergienc	1 ertoeten	1 fliehen
1 erglenzen	1 ertrich	1 fliehent
2 erhohet	1 ertwingen	2 fliuch
1 erhol	1 ervaeret	1 fliuse
1 erholt	1 ervar	3 fliz
1 erhort	2 erwache	1 flize
5 erhorte	1 erwachen	1 flizic
1 erhorten	1 erwarmen	2 floch
1 erjetten	1 erwegen	1 flogzet
4 erkande	3 erwelt	1 flor
5 erkant	1 erwelte	1 flouc
1 erkenn	1 erwende	2 fluht
4 erkenne	3 erwenden	1 flühten
1 erkennen	1 erwer	1 fluochen
6 erklinge	2 erwerbe	1 fluot
3 erklingen	8 erwerben	1 flüste
4 erkorn	1 erwermen	1 frage
4 erlan	1 erwern	1 fragen
1 erlazen	1 erwinde	2 fraget
2 erleiden	5 erwinden	2 fremde
1 erlesen	1 erwindet	2 fremdem
2 erliden	2 erwint	2 fremden
1 erliegen	1 erwirbet	1 fremed

1 fremeden	2 frömdiu	**G**
3 freude	1 fromüete	
1 frevenliche	1 froste	3 gab
20 fri	6 frou	1 gabe
1 frid	4 fröude	2 gach
1 fride	3 fröut	1 gaebe
2 friderich	1 frouw	2 gagen
2 frie	74 frouwe	2 gahen
5 frier	1 fröuwe	1 gahet
1 friesch	62 frouwen	1 st. gallen
1 frigez	2 fröuwen	1 galt
5 friheit	1 fröw	13 gan
1 frist	1 frowen	1 ganc
1 friste	7 fruht	1 gangen
5 friunde	1 frühte	1 gankert
5 friunden	1 frume	4 ganz
12 friundes	2 frumen	3 ganze
9 friunt	6 fruo	5 ganzen
1 friuntschaft	2 fruot	7 ganzer
53 fro	2 fruote	12 gap
1 fröi	1 füege	119 gar
2 fröid	1 füegen	1 garn
118 fröide	1 füeget	5 gast
3 fröidebaere	1 füere	11 gat
1 fröidebernden	1 füerest	1 gazzen
1 fröidegarten	1 füeret	1 gbunden
1 fröidelos	5 füeze	5 ge
3 fröidelosen	1 füezelin	2 geb
2 fröideloser	1 fuhses	1 gebaerden
99 fröiden	1 fulen	4 gebaere
1 fröidenbar	7 fünde	2 gebant
1 fröidenbaere	6 funden	1 gebare
1 fröidenkranken	1 fünf	6 gebaren
1 fröidenrich	1 fünfen	1 gebeine
1 fröidensanc	1 fünfstunt	8 gebe
1 fröidensanges	3 funt	14 geben
1 fröidenvol	1 fuoder	1 gebende
2 fröideriche	3 fuoge	1 gebenne
2 fröiderichen	1 fuor	1 gebent
1 fröint	2 fuore	1 gebiete
1 fröist	1 fuorte	1 gebieten
20 fröit	5 fuoz	2 gebildet
1 fröite	1 fuozen	1 gebiutest
3 fröiwe	54 für	1 geblant
2 fröiwet	2 fürbaz	1 gebluemet
15 frölich	3 fürder	6 geborn
1 fröliche	1 fürht	7 gebot
1 frölichem	3 fürhte	2 gebrast
1 frölichen	1 fürhtet	10 gebunden
2 frömde	1 fürwar	1 gebut
1 frömdeclich		1 gedaehte
1 frömden		1 gedagen
1 frömder		7 gedaht

6

6 gedanc	5 geilent	1 gelust
8 gedanke	1 geiliu	1 geluste
7 gedanken	18 gein	1 gemache
1 gedenk	1 gejaget	1 gemachen
8 gedenke	1 gejehen	1 gemachet
11 gedenken	1 gekleidet	1 gemalt
4 gedenket	2 gekleit	2 gemant
1 gedienen	1 gekroenet	8 gemeine
10 gedienet	2 gekündet	1 gemeinecliche
1 gedient	2 geküsset	1 gemeinen
9 gedinge	2 gel	1 gemeiniu
6 gedingen	2 gelac	11 gemeit
1 gedoene	2 gelachen	1 gemeren
1 gedoenes	1 gelachet	1 gemischet
1 gedolt	1 gelaeze	15 gemüete
1 gedranc	2 gelanc	3 gemuot
1 gedrange	1 gelazen	1 gemuote
2 gedrücket	2 geleben	1 gemuoten
1 gedruht	2 gelegen	45 gen
2 gedrungen	13 geleit	19 genade
1 gedulde	1 geleite	4 genaden
1 geduldic	1 gelenke	2 genaedic
1 geflohten	1 gelenken	1 genaeme
1 gefremdet	1 gelepte	1 genahen
1 gefriunder	1 geleren	1 genam
1 gefröiwe	1 geleret	3 genant
1 gefröiwen	1 gelesen	1 genden
1 gefrumt	1 gelfent	1 geneiget
1 gefüege	6 gelich	1 genenden
1 gefüegen	8 geliche	4 genesen
1 gefügel	3 gelichen	2 genieten
2 gegan	1 gelicher	7 geniezen
1 gegangen	1 geliches	7 genomen
3 gegeben	1 gelichet	1 gent
2 gegen	1 gelieben	1 genüegen
1 gegert	1 gelige	1 genuoc
1 gegestet	1 geligen	1 genuoge
1 gegit	6 gelinge	1 genutzen
1 gegrüezen	7 gelingen	1 gepflac
1 gehalten	2 gelinget	1 geppe
1 gehan	1 geliutert	8 ger
3 gehaz	1 gelobe	1 gereche
1 geheizen	1 geloben	1 gerechen
1 geheizet	1 gelobet	2 gereret
1 gehelfen	4 gelonet	1 geri
1 gehiure	5 gelouben	1 gerich
2 gehoehet	4 geloubet	1 gerieten
1 geholt	2 gelten	1 geriht
1 gehoret	1 geltent	4 gerihte
2 gehorte	2 gelücke	1 geringe
2 geil	2 gelückes	2 geringet
2 geile	2 gelunge	2 geriten
1 geilen	4 gelungen	3 geriuwen

4 gern	1 gespenget	2 gevallen
1 gernde	2 gespil	2 gevalt
1 gernden	1 gespilt	1 gevan
29 gerne	1 gespilte	4 gevangen
2 gerner	2 gesprach	2 gevar
1 gerochen	3 gesprechen	1 gevarwet
1 geroeten	1 gespreit	1 gevech
1 gers	1 gesprenget	2 gevider
4 gert	3 gesprochen	3 gevie
2 gerte	11 gestalt	1 geviel
1 gerungen	2 gestan	1 gevienc
1 geruoche	1 gestant	2 gevilde
1 geruochet	1 gestat	1 gevlogen
1 geruorte	1 geste	1 gewaete
1 geruowen	2 gesteine	1 gewalde
19 gesach	2 gestern	1 gewaldes
2 gesagen	1 gestet	14 gewalt
2 gesanc	1 gestriten	1 gewalte
4 gesange	1 gesunge	1 gewaltecliche
7 gesant	5 gesungen	1 gewalteclichen
1 gesaz	5 gesunt	2 gewaltes
3 geschach	1 geswachet	4 gewaltic
1 geschadet	1 geswien	9 gewan
2 geschaehe	2 geswigen	4 gewant
2 geschaffen	1 geswin	1 gewar
2 gesche	1 gesworn	1 geweigen
3 geschehe	8 get	1 geweinne
12 geschehen	15 getan	1 gewenden
1 gescheide	2 getanen	1 gewer
2 gescheiden	1 getar	1 gewern
19 geschiht	1 geteloese	3 gewert
1 geschirre	1 getempert	2 gewerte
3 geschuof	1 getete	3 gewesen
1 gese	1 getiuren	3 gewin
7 gesehen	2 getiuret	5 gewinne
4 geseit	4 getragen	8 gewinnen
6 geselle	1 getribe	2 gewinnet
2 gesellen	1 getriutet	2 gewon
1 gesenften	3 getriuwe	1 gewunne
2 gesetzet	1 getriuwem	1 gewunnen
1 gesichert	3 getriuwen	1 gewünschen
1 gesige	2 getroeste	1 gewünschet
1 gesigen	1 getroesten	1 gezaeme
2 gesiget	1 getroste	3 gezalt
1 gesigt	1 getrouwen	1 gezellet
3 gesin	3 getruwen	1 gezeme
4 gesinde	1 getuo	2 gezemen
1 gesinge	1 getuot	1 gezieret
4 gesingen	1 getwanc	1 gezimt
1 gesiuret	1 getwange	1 gezogenlichen
1 geslaht	2 gevaere	1 gfeterlin
1 gesliezen	1 gevaeric	4 gibe
2 geslozzen	1 gevahe	1 gibt

5 gie	1 grifen	**H**
4 gienc	1 grimmen	
7 gienge	1 griser	6 hab
1 gige	2 groezer	21 habe
2 gigen	13 groz	2 habedanc
8 giht	7 groze	26 haben
2 gilt	9 grozen	4 habent
1 ging	5 grozer	6 habt
3 gip	1 grüebelin	1 hacka
6 gir	2 grüen	3 haet
1 girde	7 grüene	8 haete
1 gisel	1 grüeneberndem	1 haeten
1 gist	4 grüenen	1 haft
30 git	4 grüener	1 halbe
1 giuden	1 grüenez	2 halben
1 giwin	7 grüeze	2 halber
3 glanz	3 grüezen	1 half
1 glanzen	1 grüezent	1 halt
1 glas	1 grunde	2 halten
1 glast	3 grunt	114 han
1 glaste	1 gruonet	10 hande
1 glestet	1 gruont	4 handen
1 glich	21 gruoz	1 hangen
1 gliche	5 gruoze	25 hant
1 glichet	1 gruozes	5 har
1 glose	1 gruozte	2 hare
2 gluot	1 günne	2 harpfen
1 gnad	48 güete	7 harte
4 gnade	1 güetlich	1 harter
2 gnaden	1 güetlichen	1 hase
1 gnaedecliche	1 güllen	20 hast
1 gnaedic	2 gunde	149 hat
1 gnuoge	6 gunne	3 hate
1 gnuogte	2 gunst	1 hatest
1 göichelin	73 guot	12 haz
2 golde	31 guote	1 hazlich
4 golt	2 guotem	2 hazze
65 got	38 guoten	3 hazzen
3 gote	1 guotenburc [U.v.]	6 hazzet
1 götelint	16 guoter	1 hefte
2 gotes	7 guotes	13 hei
1 götze	5 guotiu	2 heia
2 gouchgovolt	1 gupfe	27 heide
6 gra	1 gürtel	1 heien
1 grabe	1 gutem	15 heil
1 grale	1 gwaltes	1 heilant
2 gram	3 gwinne	6 heile
1 granat	1 gwunnen	2 heiles
6 gras	1 gwunt	2 heilet
1 grawem		1 heilt
1 grawen		1 heilwic
4 grawer		2 hein
1 grif		1 heinlich

9

1 heinrich	2 hetze	16 hohen
1 heiz	1 hey	19 hoher
1 heize	5 hi	2 hohes
3 heizen	32 hie	1 hohgemüete
2 heizent	1 hien	1 hohgemuoten
1 heizet	5 hiez	2 höhste
1 hel	1 hil	2 höhsten
1 heldes	5 hilf	1 hohte
2 helf	2 hilfe	2 holden
12 helfe	1 hilfest	1 holdez
1 helfecliche	5 hilfet	12 holt
2 helfen	2 hille	1 holz
1 helfent	1 hilte	1 holze
1 helferiche	1 hiltegart	1 hophgarten
1 helferichiu	1 himel	2 horde
6 helfet	5 himele	1 horden
1 helme	3 himelriche	1 hore
1 helt	33 hin	2 horet
1 hemde	2 hinder	1 horn
1 hemme	1 hindert	21 hort
1 hend	2 hinnan	1 horte
6 hende	2 hinne	1 horten
1 henden	9 hinnen	2 houbet
1 henken	1 hint	2 houbte
44 her	1 hirte	2 hove
1 herburc	2 hitze	2 hovelich
12 here	1 hiur	2 hovelichen
2 heren	13 hiure	1 hübsche
19 herre	7 hiute	1 hübschem
7 herren	14 ho	4 hübschen
5 herte	6 hoch	1 hübscher
2 herter	1 hochgeborner	2 hüet
4 herz	1 hochgelopte	4 hüete
124 herze	7 hochgemüete	1 hüetende
2 herzecliche	5 hochgemuot	1 hüetet
1 herzeclichen	1 hochgemuote	1 hügelicher
3 herzeclicher	3 hochgemuoten	1 hügeliet
23 herzeleide	1 hochgmuote	1 hügende
6 herzeleit	1 hochmuot	15 hulde
5 herzeliebe	3 hoehent	7 hulden
3 herzelieben	3 hoene	1 hülfe
2 herzelieber	1 hoera	1 hunde
1 herzeliebes	5 hoere	5 hundert
4 herzeliep	3 hoeren	1 hunger
77 herzen	1 hoerent	2 huob
2 herzenlichen	5 hoeret	7 huop
1 herzenliebiu	5 hoert	15 huote
1 herzeser	1 hof	1 huoter
1 herzesere	1 hoffenunge	1 hus
1 herzeswaere	1 höfsch	1 husen [F.v.]
1 herzevrouwe	1 hoh	
7 het	9 hohe	
6 hete	7 hohem	

I

5 i
1241 ich
1 icht
1 ichtes
1 ide
72 ie
6 iedoch
13 ieman
3 iemen
69 iemer
1 iemerme
4 iender
1 ietwederes
1 igel
23 iht
1 ihtes
1 ilet
63 im
5 ime
1 imme
11 immer
334 in
1 indian
3 ingesinde
1 inme
1 inn
7 inne
3 inneclichen
2 innen
1 inner
1 innerclichen
1 innerhalp
1 intrisinden
747 ir
1 iren
1 irgan
1 irging
1 irmellin
2 irret
1 irrevart
405 ist
1 it
1 ite
1 itewiz
52 iu
30 iuch
3 iur
23 iuwer
10 iuwern
1 izzuf

J

40 ja
2 jach
1 jaehe
1 jaehen
2 jaemerlichen
1 jage
2 jagen
1 jages
1 jagte
1 jahen
7 jamer
1 jamerliche
1 jamerlichen
2 jamers
1 jamerschricke
7 jar
3 jare
6 jaren
1 jares
2 jarlanc
2 je
1 jehe
6 jehen
1 jehent
1 jehnt
1 jeht
1 jeit
1 jenen
1 jiute
4 jo
4 joch
1 johansdorf
1 juden
3 jugende
3 jugent
2 junc
1 juncfrou
1 juncherre
1 juncherrelin
1 juncvrouwen
5 junge
13 jungen
2 junger
1 jungest
1 jutze

K

3 kaeme
1 kal
1 kalde
1 kalden
1 kalder
2 kalt
1 kalte
1 kalter
6 kam
1 kamen
1 kampfe
1 kampflich
93 kan
5 kanst
1 kappen
1 karfunkel
1 katrin
6 kein
1 keine
1 keiner
1 keiniu
4 keiser
1 keiserinne
2 kel
2 kele
1 kemenat
1 kempfen
5 kere
4 keren
2 keret
3 kerte
1 kiese
4 kinde
1 kindelin
5 kinden
8 kinder
1 kindes
1 kindscher
2 kinne
17 kint
4 kintlich
1 kiusch
6 kiusche
1 kiuschen
2 kiuscher
1 kiuschiu
1 kla
2 klaffe
1 klaffen
3 klag
56 klage

11

1 klagebaere	1 krenze	1 kupel
1 klagelichen	1 krenzelin	1 kupelst
1 klageliet	1 krete	3 kurzen
13 klagen	2 kriec	1 kurzer
1 klagender	2 kriechen	1 kürzet
1 klagendez	2 kriege	2 kurzewile
1 klagendiu	2 krist	4 kus
1 klagest	2 kristes	5 küsse
3 klaget	1 kristin	9 kussen
4 klagte	1 kriutel	9 kuste/küste
1 klanc	1 kriuzliet	1 kusten
2 klar	2 kroene	1 kützelt
5 klare	12 krone	
4 klaren	1 krüegen	**L**
9 kle	1 krumben	
2 kleiden	1 krumber	17 la
2 kleider	1 kruoc	5 lac
35 kleine	1 krute	6 lache
13 kleinen	1 küelen	1 lacheliche
1 kleiner	1 küene	18 lachen
2 kleiniu	1 kum	1 lachendem
1 kleinvelhitzeroter	27 kumber	4 lachet
1 kleinvelrotem	2 kumberlichen	1 laden
3 kleit	2 kumbers	1 laeg
1 klobe	4 kume	2 laege
2 kloben	1 kummer	2 laere
1 klosen	1 kummerlich	1 laet
1 kluoc	1 kummerlichen	1 lagen
1 kluoge	20 kumt	1 lam
1 knabe	5 künc	23 lan
1 knappe	1 künd	11 lanc
3 kneht	26 kunde/künde	7 lande
4 kom	1 kündekeit	2 landen
22 komen	4 kunden	1 landes
2 koment	1 kündet	37 lange
1 komn	3 kund	4 langen
1 könd	1 künegin	17 langer
1 könde	3 küneginne	4 langez
1 kos	1 kunft	16 lant
2 kosen	1 künfte	2 las
1 krachen	3 künge	1 laschte
3 kraft	1 küngen	1 lasen
1 kram	7 künic	1 last
1 krame	3 küniginne	3 laster
15 kranc	1 künigunt	42 lat
1 kranke	13 kunne/künne	1 lavine
5 kranz	3 kunnen	7 laz
3 kranze	4 kunst	10 laze
2 krefte	2 künste	8 lazen
1 kreftic	9 kunt	2 lazent
1 krenke	1 kunzechen	1 lazet
3 krenken	1 kuonradin	1 lazzet
2 krenket	1 kuonrat	

10 lebe
23 leben
3 lebender
1 lebenne
2 lebet
1 lebne
1 lebst
2 lebt
2 ledic
1 legent
1 leget
1 lehen
2 leich
33 leide
10 leiden
14 leider
5 leides
1 leidet
1 leidez
2 leie
3 leien
1 leigen
1 leisten
1 leistes
64 leit
1 leite
2 leitvertrip
1 lengen
1 lept
1 lerche
16 lere
2 leren
3 leret
3 lerne
2 lernet
1 leschet
1 letze
1 leuwen
16 libe
1 liben
1 libes
1 lichter
1 lichtgemale
5 lide
9 liden
2 lident
1 lidet
7 lie
14 lieb
122 liebe
1 liebegerndes
7 liebem
49 lieben

23 lieber
1 liebers
1 lieberz
9 liebes
1 liebest
4 liebet
7 liebez
8 liebiu
1 liebste
1 liedel
1 lieder
2 lief
1 liefen
2 liegen
6 liehte
21 liehten
1 liehtem
5 liehter
1 liehtevarwer
1 liehtgemalen
3 liehtiu
1 liehtvarwer
12 lieplich
3 liepliche
1 lieplichem
1 lieplicher
37 liep
1 liepste
6 liet
3 liez
7 lieze
1 liezen
1 lig
1 ligen
3 liht
15 lihte
3 lihter
1 lichtiu
2 liljen
7 linden
1 lingen
90 lip.
4 lise
1 list
1 listen
24 lit
10 liute
10 liuten
1 liutolt
2 livin
3 lob
4 lobe
1 lobebaere

1 lobelich
2 lobeliche
1 lobelichen
1 lobelicher
1 lobeliet
2 loben
1 lobender
3 lobes
1 lobt
1 lobte
1 loche
1 löcke
1 loese
1 loesen
1 löiber
7 lon
5 lone
1 londe
1 lonen
7 lones
2 lonet
18 lop
2 lopte
1 lopt
2 losa
4 lose
4 losen
1 loslich
1 loslichez
1 loste
1 loube
3 louben
1 loubes
3 lougen
1 lougent
3 loup
1 lücken
2 lücket
4 luft
1 lufte
3 lügenaere
1 lügge
1 luoderaere
1 luodert
1 lute
1 luten
2 luter
6 lützel

13

M

58 mac
4 mache
14 machen
3 machent
5 machet
1 macht
1 maer
19 maere
9 mag
1 magen
9 maget
6 magt
7 maht
6 male
1 malen
153 man
1 manc
2 mane
1 maneger
1 manende
10 mange
6 mangem
14 mangen
22 manger
1 mangerleie
3 manges
9 manic
1 manicvalde
7 manicvalt
1 manige
1 manigem
1 manigen
2 maniger
1 manlich
3 manne
2 mannen
8 mannes
1 mantel
1 masen
2 materje
3 maz
8 maze
3 mazen
1 mazent
29 me
2 megde
1 megden
1 megeden
1 megetin
2 mei
1 meide

1 meidem
12 meie
27 meien
1 meigen
1 meije
1 meil
2 meile
18 meine
2 meinen
2 meinet
1 meist
2 meiste
1 meister
2 meisterinne
1 meistern
1 meisterschaft
1 meisterschefte
3 meit
1 meldin
1 meljoth
1 menc
1 menege
1 mengelich
1 menicvalt
1 menschen
1 menschlich
12 mer
19 mere
1 merekaere
5 meren
3 meret
1 mergersdorf
4 merke
6 merken
2 merket
1 metz [W.v.]
2 metze
2 mezzen
1 mezzer
349 mich
3 michel
2 michels
1 mide
8 miden
1 miete
2 mieten
1 mije
2 mile
1 milten
395 min
37 mine
14 minem
46 minen

47 miner
17 mines
5 miniu
4 minn
179 minne
1 minnebaere
1 minnebande
1 minnebant
11 minneclich
21 minnecliche
1 minneclichem
17 minneclichen
7 minneclicher
5 minneclichez
4 minneclichiu
1 minnegernder
1 minnelon
27 minnen
3 minnenclich
1 minnenclichen
1 minnenclichiu
3 minnent
1 minnerichen
1 minnerlin
1 minnesenger
1 minnesiechen
1 minnespil
1 minnest
6 minnet
1 minnevarwen
1 minnewise
1 minnin
11 mins
1 minten
576 mir
1 missebieten
1 missegan
1 misselingen
1 missetaete
4 missetat
1 missetuot
1 missevarn
3 missewende
221 mit
11 mite
2 mitten
5 möht
4 mohte
18 möhte
3 mohten
1 möhten
1 morderin
8 morgen

1 morgenstern
1 morne
1 müede
1 müelich
1 müemel
2 mües
4 müese
14 müeste
1 müesten
1 müeterlin
3 müez
18 müeze
4 müezen
1 müezest
2 müge
2 mügen
3 mügt
17 munde
1 münde
6 mündel
3 mündelin
3 mundes
42 munt
1 muons
2 muose
5 muoste
1 muosten
1 muostet
78 muot
28 muote
1 muoten
13 muoter
7 muotes
3 muotet
107 muoz
3 muoze
1 muozen

N

2 na
92 nach
1 nachgebur
1 nacket
2 naem
2 naeme
9 nahe
4 nahen
4 naher
1 nahest
24 nahet
8 naht
6 nahtegal

1 nahtegalen
2 nahtes
13 nam
2 name
1 nant
1 nature
1 navar
1 naz
53 ne
1 neben
1 neic
6 nein
1 neina
1 neme
2 nemen
3 nemet
4 nemt
5 nennen
1 nert
2 nese
1 neste
1 neven
3 nicht
1 nichtenvint
1 nide
3 niden
5 nider
1 nideraete
1 nideriu
1 nidern
66 nie
32 nieman
1 niemanne
7 niemen
31 niemer
8 niender
5 niene
3 nieten
1 nietet
1 nifteln
2 nige
3 nigen
1 nigent
252 niht
1 nihte
3 nim
1 nime
4 nimmer
8 nimt
5 nit
1 niunstunt
4 niuwan
3 niuwe

5 niuwen
1 niuwenburc
1 niuwer
1 niuwez
1 niuwiu
96 noch
1 node
1 noete
4 noeten
1 none
45 not
183 nu
1 nun
1 nuwin

O

62 ob
22 obe
2 oben
4 och
2 od
6 oder
1 oese
1 oesterriche
2 offenbaere
2 offenbar
1 ofte
6 ohei
1 orden
3 ore
3 oren
2 ort
1 orte
2 orten
1 ortsteine
1 ot
4 otte
54 ouch
54 ougen
1 ougenblicke
1 ougenweide
5 ouge
1 ouget
6 ouwe
6 ouwen
42 owe

P

1 pallas
2 paradise
2 paris
1 parzifale
1 parzival
1 peir
1 pfade
1 pfat
1 pfifen
9 pflac
2 pflaege
2 pflagen
2 pflege
6 pflegen
1 pfliget
2 pfligt
1 pfliht
2 pflihten
1 phlegen
10 pin
2 pine
2 pinen
3 plan
1 pride
1 primezit
1 prinze
1 pris
6 prise
1 prisen
1 priset
1 prisin
1 pronieren
1 prüeve
2 prüeven
1 prut
1 pülle

Q

1 quale
2 quam
1 quit

R

1 raeche
2 raete
6 ranc
1 rande
1 rant
28 rat
1 rata
2 rate
1 raten
3 ratet
1 ratgebin
1 rebe
1 rech
3 rechen
9 rede
1 redender
1 regen
14 reht
33 rehte
1 rehten
6 rehter
1 rehtiu
1 reichet
1 reide
1 reie
9 reien
1 reife
4 reigen
47 reine
1 reinem
20 reinen
3 reiner
1 reinez
1 reiniu
1 reinmar
1 reit
2 reizet
1 respen
1 rette
1 riben
1 ric
12 rich
13 riche
4 richen
8 richer
1 richet
2 richez
2 rief
6 riet
2 rieten
4 rife
2 rifen
1 rigelt
1 rihten
1 rihtent
1 rihter
1 rihtet
1 rilich
4 rin
1 rinden
1 rinder
1 rine
10 ringe
7 ringen
2 ringet
1 ringin
4 rise
1 riser
3 rit
10 ritter
2 ritters
1 riuw
3 riuwe
6 riuwen
1 riuwes
1 riuwet
1 roeselehte
1 roeselehter
1 roeslehtem
2 roete
1 roeter
9 rose
9 rosen
5 rosenkranz
1 rosenrot
1 rosenroten
1 rosenvar
1 roserotem
1 rosevar
1 rosevarwer
1 roslohtez
23 rot
4 rotem
9 roten
18 roter
1 rotiu
1 rotten
1 rouben
1 roubet
1 rubin
1 ruche
1 rucke [H.v.]
1 rucken
1 rüegliet
1 ruemen
1 rumet
1 runen
1 rungen
5 ruoche

1 ruochte
1 ruodolf
1 ruofen
1 ruomes
1 ruomesaere
1 ruoprecht
1 ruorte
1 ruorten
3 ruowen

S

13 sa
1 sab
15 sach
2 sache
4 sachen
4 saehe
1 saehet
15 saelde
4 saeldebaere
1 saeldebernder
1 saeldelosen
17 saelden
1 saeldenbaere
1 saeldenricher
1 saelderiche
1 saelecliche
44 saelic
2 saelikeit
17 sage
11 sagen
2 sagent
1 sagit
2 sagt
1 sagte
2 sal
1 salme
1 salmonin
1 salvet
15 sam
1 same
1 samene
1 sampsone
34 sanc
1 sanft
15 sanfte
2 sanfter
6 sange
3 sanges
3 sant

2 sante [1 siehe Gallen]
1 sat
1 saz
1 sazen
1 schach
2 schade
11 schaden
5 schadet
1 schadin
1 schaffe
1 schaffen
3 schaffet
1 schal
1 schalchafter
2 schalke
2 schalle
3 scham
1 schame
1 schamelop
1 schand
2 schande
1 schantieren
6 schapel
6 schar
2 scharle
2 schatehuot
1 schaten
1 schedelich
13 scheide
52 scheiden
1 scheident
2 scheidet
2 schein
1 schelden
1 schellen
1 schellet
1 schellic
3 schelten
1 schende
3 schenke
2 schenken
1 scheude
1 schibe
2 schiede
2 schieden
1 schiehe
2 schier
13 schiere
6 schiet
3 schilde
1 schilhen
1 schillinc
13 schilt

1 schilte
2 schiltgeverte
1 schimpfes
1 schimpfliet
41 schin
4 schine
2 schinen
1 schinent
2 schinet
1 schint
1 schiuhen
1 schiuhet
1 schiure
1 schiuz
1 schoen
42 schoene
1 schoenem
8 schoenen
8 schoener
1 schoenes
2 schoenest
3 schoeniu
2 schoenste
1 schon
30 schone
1 schonen
1 schonsten
9 schouwe
18 schouwen
1 schouwent
2 schouwet
1 schrei
1 schribet
1 schrient
2 schrin
9 schulde
13 schulden
1 schuldic
1 schüllen
1 schult
3 schuof
1 schupfe
1 schure
1 schütze
1 schuz
2 se
1 secht
1 segel
3 segen
1 seh
1 sehe
9 sehen
1 sehst

17

23 seht	88 si [= sei]	1 slang
2 seine	138 sich [7 sieh]	1 slangen
5 seit	2 sicherliche	2 sleht
3 seite	3 sicherlichen	1 slehten
1 seitenspil	1 sid	1 sleich
1 seitest	1 sidrat	1 slichen
3 selb	1 siech	1 slichendem
8 selbe	1 siecher	1 sliezen
1 selbeme	1 sige	3 sloz
16 selben	1 sigenünfte	2 slüege
1 selber	1 sih	1 sluoc
4 selbes	7 sihe	1 slüzze
1 selchen	17 siht	1 smaehet
1 seldin	1 sil	4 smahet
6 sele	1 sime	1 smalen
3 selhe	180 sin	2 smerze
1 selhem	1 sinc	7 smerzen
1 selhes	10 sine	1 smerzent
1 selken	3 sinem	1 smiegen
1 selkes	1 sineme	2 smieren
13 selten	13 sinen	1 smierenden
1 sen	11 siner	4 smieret
16 sende	1 sing	1 smücken
3 sendem	23 singe	1 smucket
32 senden	45 singen	1 snabelweide
12 sender	14 singent	6 sne
1 sendes	9 singet	3 snel
5 sendez	56 sinne	1 snelheit
6 sendiu	6 sinnen	1 snellem
1 senecliche	1 sinnes	1 snellen
5 senelichen	1 sinnic	1 snewes
2 senelicher	1 sinnin	1 snewiziu
2 senen	2 sins	1 sniden
1 senende	63 sint	442 so
1 senet	1 sion	164 sol
6 senfte	2 sist	2 solch
1 senftekeit	92 sit	7 sold
3 senften	11 site	15 solde
2 senfter	1 siten	2 solhen
1 senftes	1 sitich	21 solt
1 senger	4 siu	13 solte
1 sent	3 siufte	3 solten
1 ser	1 siuftebaere	1 soltent
24 sere	1 siuften	1 soltest
1 seren	1 siuverlich	1 sorclich
1 seret	4 slac	1 sorclichen
1 set	3 slaf	36 sorge
1 setz	1 slafe	64 sorgen
2 setze	1 slafen	1 spaehe
1 setzen	1 slafes	1 spate
1 seven	1 slafet	1 spe
1 sezte	1 slahen	3 spehen
637 si [= sie]	1 slahte	2 sper

3 spiegel	2 sten	1 süene
1 spiegelvarwez	1 stende	41 süeze
21 spil	1 stent	2 süezem
1 spilgesellen	1 sterbe	23 süezen
2 spiln	8 sterben	9 süezer
3 spilnde	1 sterbent	1 süezesten
2 spilnder	3 sterke	1 süezez
2 spilndiu	1 sterken	5 süeziu
3 spilt	14 stet	1 suffie
1 spise	1 stic	1 sufte
2 spor	9 stille	1 sul
1 spotes	1 stillen	1 sül
1 spottet	3 stimme	1 sulen
56 sprach	2 stirbe	6 suln
3 spraeche	2 stiure	1 sulnt
1 spranc	1 stoc	7 sult/sült
1 sprech	1 stocwarten	2 sumelicher
3 spreche	1 stoeren	15 sumer
9 sprechen	1 stoeret	2 sumers
1 sprechet	1 stolz	1 sumervar
7 sprich	2 stolze	4 sumerwunne
3 spriche	3 stolzen	2 sumerzit
6 sprichet	1 stolziu	1 summer
3 springen	1 stoz	5 sun
2 springent	1 strafen	8 sünde
1 spuot	5 strale	1 sünden
1 sta	1 straze	24 sunder
1 stadelwise	1 strazen	1 sunderbar
1 staeche	1 strebe	1 sunderlob
17 staete	1 strebet	1 sundertriutel
1 staeteclich	1 strebt	1 sundertrut
3 staeteclichen	1 streit	1 sunderwandel
4 staetekeit	2 strenge	1 sündet
3 staetem	1 strengez	1 sundir
1 staeten	1 strept	7 sunge
2 staetiu	2 stric	7 sungen
1 stahelherteclich	1 strich	8 sunne
1 stalle	3 strichen	5 sunnen
6 stan	4 stricke	3 sunt
1 standen	1 stricken	1 suoche
2 stant	8 strit	2 suochen
2 starc	1 strite	2 suochet
2 starken	5 strowe	1 suocht
1 starkiu	2 stuben	2 suochte
1 starten	1 stücken	1 suonde
28 stat	1 stüende	10 suoze
1 state	1 stüenden	4 suozen
1 staten	10 stunde	1 sur
5 ste	5 stunden	2 suren
2 stein	16 stunt	1 sürie
1 steine	2 stuonden	22 sus
1 steinwant	5 stuont	1 susa
1 stelen	1 suche	1 sust

19

46 swa
1 swabe
3 swache
3 swachen
2 swachet
1 swachlich
47 swaere
1 swaeren
1 swaeret
1 swager
1 swalwen
1 swan
1 swanc
2 swanger
2 swann
4 swanne
1 swant
1 swanz
1 swanze
1 swanzen
3 swar
33 swaz
1 swebe
1 sweben
1 swebte
1 swechet
1 sweher
1 swelch
1 swelhez
10 swem
3 swen
1 swende
2 swenden
1 swendet
1 swenken
9 swenn
9 swenne
1 swent
53 swer
2 swere
4 swes
1 swester
2 swic
49 swie
1 swig
3 swigen
1 swiger
1 swinc
3 swinde
3 swinden
1 swinet
1 swinge
3 swingen

2 swinget
1 switzen
1 swunge
2 swuor
1 swüre

T

26 tac
1 taet
6 taete
41 tage
1 tageliet
6 tagen
2 tages
2 taget
1 tagt
2 tal
1 tamber
1 tannen
1 tantalus
6 tanz
3 tanze
5 tanzen
3 tanzent
1 tanzliet
4 tar
3 tat
1 taten
7 teil
2 teile
3 teilen
7 tet
1 tete
1 tief
1 tiefe
1 tiefer
2 tihten
1 tilije
3 tiure
1 tiuret
1 tiutschem
1 tiuvel
1 tiuwer
4 tobe
2 toben
1 tobet
2 toeren
2 toeret
2 toerschen
1 toeten
1 tohte

4 tohter
2 tore
4 toren
1 torheit
1 torst
1 torste
1 torte
29 tot
1 tou
3 touc
11 tougen
1 tougenlich
1 tougenliche
2 tougenlichen
1 tougenlicher
1 tougenlichez
1 toup
1 touwe
2 touwen
2 touwes
1 touwic
1 traet
1 traf
18 trage
8 tragen
1 tragenne
3 tragent
1 tragt
1 traten
1 tref
1 trehene
1 treher
1 treib
18 treit
1 tretent
1 tretten
1 tribelslagen
1 tribelwegge
5 triben
1 tribet
4 triegen
1 trip
1 tristramen
1 trite
1 triute
2 triutelehten
1 triutelehter
2 triuten
16 triuwe
33 triuwen
1 troest
6 troeste
4 troesten

1 troestent	3 tump	1 üedelsint
1 troesterinne	20 tuo	93 uf
1 troestest	7 tuon	1 ufbrehen
5 troestet	1 tuonde	1 ufdringent
1 troje	7 tuont	1 ufe
32 trost	2 tuost	7 uffen
5 troste	93 tuot	1 ufgedrungen
5 trostes	1 tür	1 ufgegangen
1 trostfröide	1 turne	6 umb
1 trostlichem	1 türstet	24 umbe
1 troum	10 tusent	1 umbeslifen
2 trüebe	1 tusentstunde	1 umbesweife
1 trüeben	1 tusentstunden	1 umbevahe
1 trüeg	1 tusentvalt	1 umbevan
2 trüege	1 twale	4 umbevanc
1 trügehafter	6 twanc	2 umbevangen
4 trouc	1 twang	1 umbevat
1 trur	1 twellen	1 umbevienc
3 trure	1 twinc	2 umbevienge
1 trureclichez	1 twing	1 umbvangen
37 truren	2 twinge	1 ummevangen
2 trurens	9 twingen	1 umvangen
3 trurent	2 twingent	1 unbehuot
2 truret	1 twingest	1 unbekeret
4 truric	7 twinget	1 unbekleit
10 trut	1 twingliet	1 unberoubet
3 trute		2 unbetwungen
1 trutelichen		1 unbilde
2 truten	# U	387 und
1 truterinne		156 unde
2 trutez	3 übel	2 unden
3 trutgeselle	1 übelen	18 under
1 trutschaft	1 übeln	1 underscheiden
2 trutz	13 über	1 undersniten
1 truwe	1 überguot	1 undertaenic
1 tschampanige	1 überigez	6 undertan
1 tücke	1 überkeren	1 undertanem
1 tugend	1 überkumt	3 underwant
22 tugende	4 überladen	1 underwegen
4 tugenden	1 überlanc	3 underwilent
1 tugenderiche	1 übermizzet	1 underwinden
5 tugent	1 überobet	1 underwindet
1 tugentfrühtig	1 überschein	1 underwint
1 tugenthafter	1 übersezzen	2 underwunden
2 tugentlichen	1 überwant	2 undr
1 tugentlichiu	1 überwegen	1 unendelich
1 tugentriche	1 überwinden	1 unerent
1 tugnden	2 überwindet	1 uneret
1 tumbe	2 überwunden	3 unfro
3 tumben	1 übr	1 unfröide
6 tumber	5 uch	2 unfuoge
1 tumbes	1 üeben	1 unfuore
1 tummer	1 üedelhilt	1 ungefraget

1 ungefüege	7 unser	1 veiz
1 ungefüegen	1 unsern	2 velde
1 ungefüeger	5 unstaete	1 velschiu
1 ungehiure	2 unt	4 velt
1 ungelich	1 untugent	2 vensterlin
3 ungelichez	1 unverdienet	4 venus
1 ungelückes	3 unverdrozzen	3 verbaere
16 ungemach	1 unverscholt	2 verber
1 ungemache	2 unverzaget	1 verbergen
4 ungemeine	1 unvrumes	2 verbieten
1 ungemenlich	1 unwendic	2 verbir
6 ungemüete	1 unwizzen	1 verbirt
1 ungemuot	12 unz	2 verborgen
4 ungenade	3 unze	1 verborn
1 ungenaedic	2 unzuht	1 verbot
1 ungenuht	1 uolrich	1 verbunde
2 ungeraete	1 uot	1 verdagest
3 ungerihtet	1 uote	1 verdaht
1 ungespilt	7 urloup	1 verderbe
1 ungesunden	1 ursprinc	13 verderben
1 ungesunder	47 uz	2 verderbet
1 ungesungen		1 verdienen
1 ungesunt	**V**	1 verdienent
1 ungetat		1 verdienet
1 ungetriuwen	1 vackeln	2 verdirbe
1 ungetroestet	3 vahen	2 verdorben
1 ungevertes	1 vaht	1 verdriben
1 ungewin	1 val	1 verdrieze
1 ungezogen	1 vald	1 verdriezen
1 ungirret	2 valde	1 verdringen
1 ungnaedic	2 valsch	2 verdroz
1 unheil	2 valsche	1 verdrozzen
1 unkiusche	13 valschen	1 verdrucke
7 unmaere	2 valscher	1 verdrungen
1 unmaze	3 valsches	3 verdürbe
4 unmazen	1 valschiu	3 verende
3 unminne	1 valt	1 verenden
1 unminneclich	9 vant	1 verendet
1 unminneclichen	14 var	2 verfluochet
1 unmuoze	3 vare	4 vergaeze
1 unnütze	2 varen	1 vergant
2 unpris	3 varn	2 vergat
1 unrat	2 varnden	7 vergaz
1 unreht	5 vart	1 vergazen
2 unrehte	8 varwe	1 verge
1 unrehter	6 vaste	2 vergeben
53 uns	1 vater	1 vergebene
1 unsaelden	3 vaz	1 vergelden
4 unsaelic	1 vehen	7 vergezzen
6 unsanfte	1 vehten	1 vergezzest
1 unschulde	1 veigen	1 vergie
2 unschuldic	1 veile	1 vergihe
1 unsenftez		1 vergizze

1 verguot	1 versigeln	1 viere
1 verhert	1 versigelt	1 vieren
1 verhil	1 versinnen	252 vil
1 verholn	1 versinnent	8 vinde
1 verholniu	1 verslafet	6 vinden
2 verhouwen	1 versmahet	4 vindet
1 verjach	1 versman	1 vinger
1 verjaehet	1 versneit	2 vingerlin
1 verjagen	1 verspart	1 vinster
2 verjehen	1 versprach	1 viol
1 verkere	1 verst	1 virladin
4 verkeren	1 verstan	1 virlornen
1 verkerent	1 verstet	1 virschrit
3 verkeret	1 verstoln	1 virving
1 verklageten	1 versume	1 vite
1 verklagte	5 versumet	2 viur
1 verkornen	1 versumten	1 viure
3 verlan	1 versuochen	1 vliese
2 verlazen	1 versuochet	2 vliugest
1 verleiten	1 versuonde	1 vluge
2 verlie	1 versuonden	1 vlügel
1 verliese	1 versuont	16 vogel
2 verliesen	3 verswachet	2 vogele
1 verliurt	1 verswigen	4 vogelin
1 verlor	1 verswindet	1 vogeline
12 verlorn	2 verswunden	4 vogellin
1 verlorne	7 vert	1 vogelline
1 verlornez	1 verte	4 vogeln
1 verlorniu	1 verteilet	1 vogelsang
1 vermaeret	1 vertoerent	1 vogelweide [W.v.d.]
1 vermezzen	2 vertragen	1 voglin
1 vermide	3 vertribe	1 vogt
1 vermides	9 vertriben	7 vol
1 vernaeme	1 vertruoc	1 volant
1 vernam	1 vervahet	1 volbringin
2 verneme	1 vervan	1 volc
1 vernent	1 vervangen	2 volenden
1 vernim	1 vervat	6 volge
6 vernomen	1 verwazen	3 volgen
1 verpfliht	1 verwundet	1 volgent
7 verre	6 verwunt	4 volget
1 verrer	1 verzage	1 volleclich
1 versage	3 verzagen	1 volliu
4 versagen	1 verzaget	1 volsaget
5 versaget	1 verzagt	359 von
1 versagt	1 verzagten	65 vor
1 versalten	1 verzagtes	1 vorhten
1 verschalten	2 verzigen	1 vragen
1 verschamt	1 verzihen	1 vreche
1 verscheiden	1 vesteclich	1 vremde
4 verseit	1 vie	2 vri
1 versenket	1 vielen	3 vro
2 verseret	3 vier	1 vrolich

23

1 vröu
1 vröud
9 vröude
1 vröudelos
3 vröuden
1 vröun
10 vröuwe
8 vröuwen
1 vruote
1 vunde
1 vunden
1 vünf
4 vür
1 vürwar

W

19 wa
2 wache
3 wachen
3 wachet
1 wachsen
2 wachtaer
1 waege
1 waeher
1 waejen
4 waen
2 waene
1 waenen
1 waenest
2 waenet
36 waer
58 waere
2 waeren
1 waerlich
1 waern
1 waete
2 wafen
2 wafena
1 wage
9 wagen
1 wahebuf
1 wahset
2 wahsmuot
2 wahtaere
11 wahter
1 wahters
4 wal
8 walde
1 walden
1 waleis
1 walle

15 walt
1 walten
1 walter
1 walther
1 waltwiser
96 wan
8 wanc
3 wand
19 wande
4 wandel
1 wandelbaere
1 wandelbaeren
1 wandelbernden
2 wandels
6 wane
1 wanes
1 wange
1 wängel
1 wängelin
3 wangen
1 wankendem
4 want
32 war
1 warb
1 ware
6 waren
2 warheit
1 warne
3 warnen
53 wart
2 warten
61 was
6 wat
66 waz
4 wazzer
44 we
2 wec
8 wecke
1 wecken
1 wecket
5 weder
2 wege
1 wegescheiden
3 wehsel
1 wehselgedenken
1 wehset
2 weichen
1 weide
3 weine
1 weinent
1 weisen
1 weist
25 weiz

1 wel
1 welch
1 well
5 welle
3 wellen
1 welles
2 wellest
2 welnt
8 welt
2 welte
2 wem
1 weme
3 wen
13 wende
6 wenden
4 wendet
1 wenen
4 wengel
1 wengelin
1 wenig
2 wenke
5 wenken
3 wenket
2 wenn
6 wenne
2 went
48 wer
6 werben
1 werbet
3 werd
18 werde
1 werdeclichez
12 werdekeit
18 werden
3 werdent
7 werder
1 werdez
2 werdikeit
1 werdiu
2 werelt
3 werken
4 werlde
13 werlt
17 werlte
1 wern
1 wernden
7 wert
1 werwort
13 wes
11 wesen
5 wesent
1 wessen
2 weste

24

1 weter	1 wirbe	1 worgen
1 wib	5 wird	13 wort
3o wibe	12 wirde	2 worte
28 wiben	7 wirdet	6 worten
22 wibes	1 wirdest	1 wüestet
1 wic	2 wirfet	1 wüete
1 wich	1 wirret	3 wunde
1 wicha	1 wirs	6 wunden
2 wichen	57 wirt	12 wunder
1 widegerte	2 wirte	1 wunderlich
20 wider	1 wirtes	1 wundern
1 widerglestet	9 wis	1 wunderschoene
1 widerjungen	7 wise	1 wunderswanz
1 widerseit	7 wisen	4 wundert
1 widerspenic	2 wiser	1 wundir
1 widerwinde	1 wises	26 wunne
87 wie	2 wisheit	1 wunnebernden
2 wiegen	2 wisin	1 wunneberndez
1 wielen	1 wiste	6 wünneclich
1 wielt	1 wit	3 wunnecliche
1 wiene	2 witen	6 wunneclichen
2 wigen	1 witenan	1 wünneclichen
4 wigt	1 witert	4 wunneclicher
1 wiht	1 witgevilde	1 wünneclichiu
179 wil	1 witze	3 wunnen
7 wilde	2 wivin	2 wunnenclichen
2 wilden	5 wiz	1 wunnenrich
1 wilder	7 wizen	7 wunsch
2 wildet	2 wizer	17 wünsche
1 wildiu	1 wizze	1 wünschelgedenken
1 wildrer	5 wizzen	11 wünschen
11 wile	1 wizzest	3 wunsches
4 wilen	4 wizzet	5 wünschet
5 wilent	250 wol	1 wünscht
1 wilkome	1 wold	1 wunt
1 will	22 wolde	1 wuofen
14 wille	4 wolgemuot	1 würbe
5 willekomen	1 wolgemuote	2 würd
20 willen	5 wolgemuoten	20 würde
16 wilt	1 wolgemuotes	4 wurden
1 win	5 wolgetan	1 würzegarten
3 winde	1 wolgetane	
4 winden [1 Stadt]	1 wolgetanen	
5 winder	1 wolgezogen	**Y**
1 windes	9 wolt	
1 winke	15 wolte	1 ysalde
4 wint	2 wolten	
13 winter	1 wolve	
2 winters	2 wone	
103 wip	1 wonen	
1 wipheit	1 wonet	
11 wiplich	10 wont	
40 wir	9 worden	

25

Z

2 zaeme
1 zagen
4 zal
1 zalten
1 zam
1 zane
1 zangen
4 zart
1 zarte
2 zarten
1 zarter
194 ze
1 zebrechen
1 zechen
9 zehant
2 zeichen
1 zeichn
2 zeigen
1 zelt
2 zem
2 zeme
7 zer
1 zerbrach
1 zerbrochen
4 zergan
1 zergange
4 zergangen
3 zerge

1 zerinnen
1 zerspreitet
1 zerspringen
1 zerstorten
1 zerteilet
1 zerunnen
4 zesamene
1 zesamne
2 zeware
1 zi
1 zidin
1 ziehe
1 ziehen
4 zieret
1 zihent
5 zil
1 zimier
7 zimt
3 zinne
1 zinnen
34 zit
1 zite
2 ziten
1 zitvogl
1 ziuch
1 zocken
2 zol
11 zorn
3 zorne
1 zucken
1 zuckersüezen
1 zuge
1 zügeliet

18 zuht
2 zühte
1 zühteclich
10 zühten
2 zühtflieher
1 zühtic
1 zungen
49 zuo
2 zuoversiht
1 zürnde
2 zürnen
2 zürnest
2 zürnet
3 zwar
1 zware
28 zwei
1 zweie
2 zweien
3 zweier
5 zwein
1 zweinzic
1 zwelven
3 zwene
1 zwenzic
1 zwiere
2 zwieren
1 zwinken
1 zwinket
1 zwir
1 zwirent
1 zwivaltiu
2 zwivel
1 zwo